Kant et sa Philosophie

Victor Cousin

Kant et sa philosophie

Editions Le Mono

© Editions Le Mono, 2016
www.editionslemono.com

ISBN : 978-2-36659-169-9
EAN : 9782366591699

I

Kant est le père de la philosophie allemande : il est l'auteur ou plutôt l'instrument de la plus grande révolution philosophique qui ait eu lieu dans l'Europe moderne depuis Descartes. Or, toute révolution digne de ce nom est fille du temps et non d'un homme. Le monde marche, mais nul ne le fait marcher, comme nul ne peut l'arrêter. Je vois à la philosophie de Kant deux grands antécédents : l'esprit général, le mouvement universel de l'Europe, puis l'esprit particulier de l'Allemagne.

L'esprit général de l'Europe, à la fin du XVIIIe siècle, est assez connu : à cette époque, il régnait une fermentation sourde, avant-coureur d'une crise prochaine. A la crédulité des siècles antérieurs avait succédé un goût passionné d'examen et d'investigation, favorable à la découverte de la vérité. La réflexion appliquée à la recherche des droits et des devoirs de l'homme faisait apercevoir le vide des institutions existantes ; on sentait vivement le besoin d'une régénération complète du corps social. Je dois insister davantage sur l'état particulier de l'Allemagne avant Kant. Mais l'histoire d'une nation est essentiellement une, et, à parler rigoureusement, il est presque impossible de bien comprendre la situation morale de l'Allemagne à la fin du XVIIIe siècle, si l'on ne connaît dans une certaine mesure les temps qui ont précédé et préparé celui qu'on étudie ; en sorte qu'il me paraît nécessaire de présenter ici une esquisse rapide de l'histoire de la civilisation germanique depuis ses plus faibles commencements jusqu'à l'époque où Kant a paru, afin de faire bien saisir l'esprit fondamental et permanent de la grande nation à laquelle notre philosophe appartient, et dont il est le représentant.

Je suis très convaincu que le genre humain est partout le même, quelles que soient les diverses latitudes sous lesquelles sont distribuées les races humaines. Il n'y a point de race privilégiée pour la vérité, pour le beau, pour le bien. L'influence des circonstances extérieures a été souvent surmontée et vaincue, ici par la volonté de certains individus d'élite en ce qui les regardait eux-mêmes, là, pour les masses, par les gouvernements et les institutions. L'histoire renverse les théories trop absolues qui attribuent la liberté ou l'esclavage à telle ou telle zone. Je pense, en un mot, qu'une civilisation commune appartient à l'espèce humaine tout entière dans toutes les parties du globe. Cependant, si l'humanité est une, il n'en est pas moins vrai que, selon les circonstances, les temps et les lieux, la civilisation affecte des formes très différentes. La distinction la plus saillante est celle des civilisations méridionales et des civilisations septentrionales. Les peuples du Nord aperçoivent les mêmes vérités que les peuples du Midi, mais ils les aperçoivent autrement. Cette différence se remarque à la fois et dans la poésie et dans la religion et dans les institutions politiques. La philosophie suit la même fortune, puisque la philosophie n'est tantôt que la base secrète, et tantôt le faîte de ces trois grands développements de l'esprit, et leur expression la plus pure et la plus élevée. M. de Sismondi, dans son bel ouvrage sur les littératures du midi, a tracé le caractère de la poésie de l'Italie et de l'Espagne dans son rapport avec la religion et l'état politique de ces deux pays. On pourrait, à son exemple, indiquer aussi les caractères littéraires, politiques et religieux exclusivement propres aux nations du Nord. Le résultat le plus certain de toutes les observations qui déjà ont été faites, c'est que l'homme du Midi, tout en étant au fond le même que l'homme du Nord, est cependant plus expansif, et que l'homme du

Nord, au contraire, par l'effet même des impressions que les circonstances extérieures produisent sur lui, est plus facilement reporté vers lui-même et vit d'une vie plus intime.

L'Allemagne est cette grande plaine septentrionale, coupée de plusieurs grands fleuves, séparée du reste du monde par des barrières naturelles rarement franchies, par l'Océan et la Baltique, par les monts Crapacks, le Tyrol et le Rhin. Dans ces limites vit et parle la même langue une nation profondément originale dont l'existence subit assez peu les influences des peuples voisins. L'esprit commun qui unit entre elles ces nombreuses populations est d'aimer la vie intérieure, celle de l'imagination, du sentiment ou de la pensée solitaire comme celle de la famille, de préférer ou de mêler la rêverie à l'action, et d'emprunter à l'âme, à quelque chose d'idéal et d'invisible, la direction de la vie extérieure, le gouvernement de la réalité.

L'histoire de cette nation me paraît se diviser en trois grandes époques.

La première, dont l'origine se perd dans la nuit des temps, ne finit guère qu'à Charlemagne. Les anciens monuments, que Tacite résume, nous montrent les différentes peuplades germaniques répandues sur la surface d'un vaste territoire qu'elles occupent plutôt qu'elles ne le fertilisent. Accoutumées à une vie errante, toujours combattues par les Romains, jamais domptées, nous les voyons attendre dans leurs forêts que l'heure soit venue de refouler chez eux les conquérants, et d'attaquer leurs agresseurs. Jusqu'au moment où les peuples septentrionaux deviennent conquérants à leur tour, et quelque temps même après la conquête, ils ont une civilisation, une forme de gouvernement, une religion, une poésie qui leur est propre. Leur esprit politique consiste à ne reconnaître en général que des chefs élus par eux, à laisser une autorité presque arbitraire aux supériorités physiques ou morales, de sorte qu'on y voit tantôt l'anarchie de la faiblesse, quand le chef a peu de force, tantôt le despotisme d'un guerrier habile et heureux. Ouvrez l'*Edda* et les *Niebelungen* ; la lecture la plus superficielle y découvre un goût de rêverie et des sentiments profonds, sombres ou exaltés qui nous rappellent sans cesse que les héros et les bardes de ces vieilles poésies n'ont pas vu le ciel de l'Italie ou celui de l'Espagne. Ils ont beau s'agiter dans le monde extérieur, ils le revêtent toujours de formes empruntées à la vie intime. Cette époque a aussi sa philosophie, une philosophie à la manière des barbares, vague et indéterminée, parce qu'elle n'est qu'un développement instinctif, un fruit de la spontanéité et non pas de la réflexion, qui seule constitue la vraie philosophie. Cette philosophie primitive est la religion. Dans la mythologie de l'*Edda* et des *Niebelungen*, la supériorité de l'homme sur la nature est partout exprimée, et là est déjà une sorte de théorie philosophique. Sigurd, Sigefried, Attila, les héros du Nord, se jouent des accidents naturels ; ils se plaisent au milieu des tempêtes de l'Océan, soupirent après les combats comme après des fêtes, sourient à la mort comme à une amie, et joignent à un profond mépris de la vie un sentiment énergique du devoir, et le goût d'un amour infiniment plus pur que celui des peuples du midi. Ce sont là, dans le berceau même de l'Allemagne, des germes féconds de la philosophie de l'avenir.

Pendant cette première époque, le Nord est païen, guerrier, libre et poétique ; cette première forme de la civilisation germanique commence à s'altérer avec la conquête. Lorsque les peuples du Nord franchirent les barrières qui les séparaient des Gaules et de l'Italie, tout en détruisant la forme romaine, ils furent bien forcés d'en retenir quelque chose. Plusieurs de ces conquérants rapportèrent dans leur patrie les habitudes de la conquête ; le despotisme militaire suivit les chefs victorieux et s'établit à la faveur même de leurs services et de leur gloire. Ainsi la conquête enfante toujours le despotisme, non-seulement pour les vaincus, mais aussi pour les vainqueurs. Bientôt la religion des conquérants succomba sous la religion des peuples conquis. Le christianisme, avec son culte et ses pratiques de sacrifice et d'amour, gagna ces grands cœurs barbares, et repassant successivement toutes les barrières que les vainqueurs avaient eux-mêmes franchies, il pénétra jusqu'au sein de la Germanie. Le polythéisme scandinave et germanique, attaqué à la fois par l'épée, par la science, et par l'héroïsme jusqu'alors inconnu de la charité, ne put résister et fut vaincu ; avec le paganisme périt la poésie qui naissait de cet état politique et religieux. Charlemagne, plus Franc que Gaulois, en remettant définitivement à l'église le soin de fixer et d'organiser la société barbare, termine cette première époque et commence la seconde.

Le caractère de cette nouvelle période de l'histoire de l'Allemagne est d'être profondément chrétienne et à la fois monarchique et libre. Les électeurs et les princes de l'empire choisissent leur chef tantôt dans une maison, tantôt dans une autre ; le chef, l'empereur ainsi élu, reconnaît les limites de son autorité dans des lois grossières, mais religieusement observées, et surtout dans l'esprit électif qui n'était point alors un vain simulacre. Les peuples avaient eux-mêmes des droits défendus par les princes contre les usurpations du pouvoir impérial, et garantis contre les princes eux-mêmes par des institutions qui n'ont jamais été entièrement détruites : civilisation rude encore, il est vrai, mais pleine de force ; la liberté germanique, appuyée sur une unité religieuse qui trouvait dans tous les cœurs et dans tous les esprits une croyance absolue, fait alors de l'Allemagne une nation vraiment grande, respectée et redoutée de l'Europe entière.

La poésie de ces temps se trouve dans les chants des *minnesangers* et dans ceux des *meistersangers*, qui ont beaucoup de ressemblance avec nos troubadours de Provence, et qui peut-être en tirent leur origine, Déjà le nom de *meister* indique qu'ils formaient école ; cette poésie paraît d'abord, par cela même, moins originale et moins populaire que celle de la première époque. Toutefois, elle est populaire encore en ce sens qu'elle est en harmonie avec l'esprit général du temps ; en effet, elle est accueillie et fêtée, surtout, il est vrai, dans les châteaux. Eh bien ! même dans cette poésie plus artificielle se retrouve ce charme de rêveries mélancoliques inconnu à l'Espagne et à l'Italie, et ce parfum de mysticité dans la religion et dans l'amour qui rappelle l'ancienne Allemagne.

La philosophie de cette époque est la scholastique, qui méritait alors autant de respect qu'elle s'est attiré plus tard de mépris, lorsque, voulant garder un empire que les siècles lui avaient ôté, de souveraine légitime qu'elle était, elle se fit tyrannique et persécutrice. La scholastique n'était autre chose que l'ensemble des formules plus ou moins scientifiques dans lesquelles la réflexion naissante, appuyée sur l'*Organum* d'Aristote, avait arrangé les doctrines chrétiennes à l'usage de l'enseignement. Les théologiens sont les philosophes d'alors, et ils se recommandent par un caractère de naïveté et de gravité, par une profondeur de sentiments et une hauteur d'idées qui leur assigne un rang très élevé dans l'histoire de la philosophie.

Antérieurement aux universités, de grandes écoles florissaient de toutes parts en Allemagne, à Fulde, à Mayence, à Ratisbonne, et surtout à Cologne. La scholastique d'Allemagne est sans doute moins originale et moins féconde que celle de France, qui n'a ni égale ni rivale ; toutefois elle présente de grands noms, dont le plus grand est celui d'Albert. Ne dédaignez pas cette philosophie, malgré sa forme quelque peu barbare ; car la foi des docteurs et celle des disciples la vivifiait. Ainsi, d'un côté foi vraie dans le peuple, et liberté par conséquent, puisque le peuple croyait d'une croyance aussi libre que l'amour qui en était le principe ; d'autre part, ferme autorité dans le gouvernement, parce que cette autorité se fondait sur le libre assentiment des peuples et sur de nobles croyances. Tel fut l'état philosophique, religieux, littéraire et politique de cette seconde époque. Ce sont là les beaux jours de l'empire germanique, dont de grands écrivains invoquent encore le souvenir avec enthousiasme.

Cette forme passa comme l'autre, comme passent toutes les formes. Ce qui contribua à l'énerver d'abord et à la dégrader ensuite, ce fut la trop grande influence de la domination étrangère en politique et en religion. Peu à peu les étrangers jouèrent en Allemagne un plus grand rôle que les gens du pays. Une ville d'Italie finit par dicter les croyances, les mœurs et les moindres pratiques qui devaient s'observer au fond de la Thuringe. Un jour il arriva que sur le trône d'Allemagne se rencontra un prince dont la domination, s'étendant aussi sur les Pays-Bas, sur les Espagnes et sur la moitié de l'Italie, ne représentait plus aux peuples un gouvernement national. Charles Quint, Belge et Espagnol bien plus qu'Allemand, était parvenu au faîte d'une puissance qui, ne pouvant s'accroître, devait décliner.

L'Allemagne peut se soumettre dans l'ordre extérieur et politique mais elle ne peut obéir qu'à son propre génie dans l'ordre intellectuel et moral ; elle réclama quelque liberté de détail sur un point de médiocre importance : elle ne fut pas entendue ; elle résista donc, et l'énergie de la résistance appelant la violence de la répression, et celle-ci redoublant celle-là, ainsi éclata et se répandit cette réformation religieuse et politique qui brisa l'unité de l'Europe et arracha le sceptre de l'Allemagne à la maison d'Autriche et à la cour de Rome.

Deux hommes commencèrent cette révolution, deux Allemands, deux hommes du Nord, dont l'un protesta avec une éloquence passionnée contre le despotisme religieux, et l'autre appuya cette protestation de son épée : je veux parler de Luther et de Gustave-Adolphe. Les discours de Luther minèrent le catholicisme ; l'épée de Gustave abattit la maison d'Autriche et émancipa l'Allemagne. Mais, je dois le dire, ces deux grands hommes, en détruisant une forme qui ne convenait plus à l'esprit général, ne la remplacèrent par aucune forme nouvelle ferme et durable. De là l'anarchie qui dura long-temps et qui dure encore. Quand l'unité du saint-empire eut péri, et que le titre d'empereur fut devenu un titre vain qui n'était plus en réalité que celui d'empereur d'Autriche, les électeurs et les princes, rendus à l'indépendance, devinrent peu à peu des monarques absolus, et au despotisme régulier d'un seul succéda une foule de despotismes particuliers. De même, quand Luther eut détruit l'influence de Rome dans une grande partie de l'Allemagne, les esprits une fois sortis de la vieille autorité, n'en surent plus reconnaître aucune ; le luthéranisme eut aussi ses schismes, le calvinisme ses bûchers, et ce qui restait de foi ne sut plus à quelle forme se prendre et s'arrêter. La poésie, consacrée à chanter les croyances, les sentiments, les évènements nés d'une forme religieuse et politique qui n'était plus, cessa d'être populaire ; et comme une révolution n'est pas une situation, et que la poésie vit de formes déterminées, cette absence de formes ne fit pas éclore de poètes, et c'en fut fait de la poésie allemande. La philosophie du protestantisme suivit sa fortune. On vit s'élever en Allemagne une infinie variété d'écoles où la vieille scholastique subit des améliorations, c'est-à-dire des altérations continuelles ; mais au milieu de cette confusion on ne trouve rien de grand, rien d'original, rien qui soit digne d'occuper sérieusement l'histoire.

Cependant un homme de génie, en France, détruisait à jamais la scholastique, et sur ses ruines élevait un système entièrement nouveau dans sa méthode et dans ses directions générales. Ce système, ou du moins son esprit, se répandit parmi les plus beaux génies du siècle de Louis XIV.

Bossuet lui-même, quoiqu'il ne l'avouât pas, Fénelon, Malebranche et messieurs de Port-Royal étaient cartésiens. En Hollande, Spinoza n'a fait autre chose que tirer des conséquences rigoureuses des principes de Descartes. La philosophie nouvelle gagna aussi l'Allemagne, et elle fut enseignée et imitée par des docteurs allemands, comme autrefois les poésies provençales avaient eu des imitateurs sur les bords du Rhin. Leibnitz, dont on ne peut trop admirer le génie, Leibnitz lui-même est un disciple de Descartes, disciple, il est vrai, qui a surpassé son maître, mais qui, malheureusement entraîné par une curiosité universelle, la passion de toutes les gloires et les distractions de la vie politique, n'a jeté que d'admirables vues, sans fonder un système net et précis. Wolf tenta de ramener les vues éparses du grand polygraphe à un centre commun et de les réduire en un système régulier ; mais Wolf reproduisit plutôt les formes que l'esprit de la philosophie leibnitzienne. Ceux qui vinrent après lui continuèrent cette nouvelle scholastique, et c'est un fait incontestable qu'au milieu et vers la fin du XVIIIe siècle on ne trouve en Allemagne aucun système qui domine assez les esprits pour paraître une véritable philosophie allemande.

Les choses en étaient là, lorsque l'Allemagne entra en relation plus intime avec l'Europe philosophique qui avait cessé d'être cartésienne. L'Angleterre était tombée sous le joug du système de Locke, et la France avait échangé le cartésianisme exagéré, mais sublime, de Malebranche pour des imitations superficielles de la philosophie anglaise. Une politique, que je ne suis point appelé à retracer, avait abattu les courages. Le sensualisme était devenu la forme philosophique de l'Angleterre et celle de la France. Il passa bientôt en Allemagne avec tout ce qu'il traîne à sa suite, le goût du petit et du médiocre en toutes choses, et entre autres le goût de la petite poésie qui tue la grande. Frédéric régnait alors à Berlin, et ceux des beaux-esprits français qui ne se sentaient pas capables de briller en France à côté de l'astre éblouissant de Voltaire, allaient à Berlin faire en sous-ordre les amusements de la cour et du maître. Ils frondaient ce qui restait de christianisme et de théologie en Allemagne. Frédéric se plaisait à cette lutte des vieux théologiens avec les nouveaux philosophes. Il payait les premiers, mais il les livrait aux sarcasmes de Lamettrie et du marquis d'Argens ; et l'ancienne théologie recula devant l'esprit de la philosophie nouvelle.

Ainsi donc, nulle loi, nulle liberté, nulle poésie nationale ; des gouvernements despotiques soudoyant des sophistes étrangers pour la destruction du vieil esprit germanique ; une théologie fléchissant sous l'incrédulité et sous le sarcasme, et ne se défendant même plus ; et, pour toute philosophie, une espèce de frivolité dogmatique ne dictant plus que des épigrammes et des brochures de quelques pages à la place des in-folio, respectables témoignages de la vieille science théologique ; tel est l'état dans lequel Kant trouva l'Allemagne.

Je me trompe ; un homme précéda Kant, et c'est aussi à lui qu'il faut attribuer l'honneur de s'être élevé le premier avec courage contre les frivolités serviles et despotiques de la cour de Berlin. Klopstock, homme de province, simple et grave, chrétien et Allemand au XVIIIe siècle, trouva dans son âme des chants inspirés qui, d'un bout de l'Allemagne à l'autre, furent accueillis comme l'aurore d'une poésie vraiment nationale. La cour de Berlin seule n'en fut point émue. En vain Klopstock présenta à Frédéric, en vers sublimes, l'apologie de la muse germanique : le grand roi ne comprit pas le loyal patriote ; mais l'Allemagne l'entendit. La littérature tout entière entra dans la route que le génie de Klopstock lui avait ouverte, et, même avant la mort de Frédéric, on vit éclore un certain nombre de poésies nationales que tout le monde apprit par cœur. Or, quel fut le caractère de cette poésie nouvelle ? Avec le sentiment patriotique reparut l'esprit religieux, le génie rêveur et mélancolique de l'ancienne et immortelle Allemagne, et ces amours suaves et purs qui, dans Klopstock et dans Bürger, contrastent si noblement avec la fadeur ou la grossièreté de la poésie anacréontique des salons et des cours du XVIIIe siècle.

Au milieu de ce grand mouvement, un homme né à Kœnisberg, et qui, comme Socrate, ne sortit guère des murs de sa ville natale, publia un ouvrage de philosophie qui, d'abord peu lu et presque inaperçu, puis, pénétrant peu à peu dans quelques esprits d'élite, produisit, au bout de huit ou dix ans, un grand effet en Allemagne, et finit par renouveler la philosophie, comme *la Messiade* avait renouvelé la poésie. Kant étudia d'abord la théologie et les langues savantes ; il avait un génie extraordinaire pour les mathématiques ; il a fait même des découvertes en astronomie. Mais la philosophie présida à tous ses travaux et finit par absorber tous ses goûts : elle devint sa vraie vocation et sa principale gloire. Son caractère distinctif était un vif sentiment de l'honnête, une conscience droite et ferme qui fut révoltée des honteuses conséquences de la philosophie à la mode. D'un autre côté, Kant était de son siècle, et il redoutait, presque à l'égal du sensualisme, les conclusions, selon lui hasardées, de la métaphysique des écoles. On peut dire que Hume est le fantôme perpétuel de Kant : dès que le philosophe allemand est tenté de faire un pas en arrière dans l'ancienne route, Hume lui apparaît et l'en détourne, et tout l'effort de Kant est de placer la philosophie entre l'ancien dogmatisme et le sensualisme de Locke et de Condillac, à l'abri des attaques du scepticisme de Hume.

Mais c'est particulièrement dans la philosophie morale que Kant a combattu le sensualisme du XVIIIe siècle, sans revenir au mysticisme du moyen-âge. Lorsque de toutes parts il n'était question en France, en Angleterre, en Italie, que de plaisir, d'intérêt et de bonheur, une voix s'éleva de Kœnigsberg pour rappeler l'âme humaine au sentiment de sa dignité, et enseigner aux individus et aux nations qu'au-dessus des attraits du plaisir et des calculs de l'intérêt, il y a quelque chose encore, une règle, une loi, une loi immuable, obligatoire en tout temps et en tout lieu et dans toutes les conditions sociales ou privées : la loi du devoir. L'idée du devoir est le centre de la morale de Kant, et sa morale est le centre de sa philosophie. Les doutes que peut laisser une métaphysique sévère, la morale les résout, et sa lumière éclaire à la fois et la religion et la politique. S'il y a dans l'homme l'idée d'une loi supérieure à la passion et à l'intérêt, ou l'existence de l'homme est une contradiction et un problème insoluble, ou bien il faut que l'homme puisse accomplir la loi qui lui est imposée ; si l'homme *doit*, il faut qu'il *puisse*, et le devoir implique la liberté. D'un autre côté, si le devoir est supérieur au bonheur, il faut donc sacrifier dans certains cas extrêmes le bonheur au devoir, et pourtant il y a entre eux une harmonie éternelle, qui peut être momentanément troublée, mais que la raison établit et qu'elle impose, pour ainsi dire, à l'existence et à son auteur ; il faut donc qu'il y ait un Dieu, supérieur à toutes les causes secondaires, pour faire régner quelque part l'harmonie de la vertu et du bonheur. De là Dieu et une autre vie. Enfin, l'idée du devoir implique encore l'idée du droit : mon devoir envers vous est votre droit sur moi, comme vos devoirs envers moi sont mes droits sur vous ; de là encore une morale sociale, un droit naturel, une philosophie politique, bien différente et de la politique effrénée de la passion et de la politique tortueuse de l'intérêt. Tels sont, en quelques mots, les traits généraux du nouveau système que Kant a donné à l'Allemagne et l'Allemagne à l'Europe. Sans doute la philosophie écossaise avait tenté quelque chose de semblable, et le sage Reid, à Édimbourg, avait eu à peu près les mêmes pensées que le grand philosophe de Koenigsberg ; mais ce qui n'avait été qu'une ébauche indécise en Écosse est devenu un dessein arrêté et parfaitement déterminé sous la forte main de Kant. Ici donc est le dernier degré, le plus haut développement du spiritualisme du XVIIIe siècle, dont l'école écossaise est le premier degré et le point de départ, Kant couronne et ferme le XVIIIe siècle. Je n'hésite point à le dire, il est pour ce siècle, en philosophie, ce que la révolution française est pour ce même siècle dans l'ordre social et politique. Kant, né en 1724, publia la *Critique de la Raison pure spéculative* en 1781, la *Critique de la Raison pure pratique* en 1788, *la Religion d'accord avec la Raison* en 1793, les *Principes métaphysiques du droit* en 1799, et, après d'autres ouvrages, il est mort à Koenigsberg en 1804. Il appartient au XVIIIe siècle, et en même temps il ouvre un autre siècle, appelé à une tout autre destinée en philosophie comme en politique. C'est cette philosophie, née à la fin du XVIIIe siècle, mais qui remplit déjà le nôtre de sa renommée, de ses développements et de ses luttes non encore achevées, c'est cette grande philosophie, considérée surtout dans sa partie morale, que je me propose de faire connaître avec quelque étendue. Je la suivrai en détail, et, pour ainsi dire, pied à pied, dans les principaux monuments qui la renferment ; mais j'ai voulu d'abord signaler son caractère le plus général et son rapport avec l'esprit de la civilisation dont elle émane.

II

Je ne viens pas présenter un résumé de la philosophie de Kant, tiré de ses différents ouvrages mis à contribution et comme recomposés pour servir à une exposition nouvelle ; je veux faire connaître cette philosophie plus sincèrement à la fois et plus profondément. Le plus qu'il me sera possible, je laisserai Kant s'expliquer lui-même ; j'analyserai successivement les divers monuments célèbres qui renferment son système entier : d'abord la *Critique de la Raison pure*, qui contient sa métaphysique, puis la *Critique de la Raison pure pratique*, qui contient sa morale ; enfin, deux ou trois autres écrits qui développent la *Critique de la Raison pure pratique*, et transportent les principes généraux de la morale kantienne dans la morale privée, dans la morale sociale et dans le droit public. Commençons par la *Critique de la Raison, pure*.

Cet ouvrage parut en 1781. C'était un très gros volume, composé à la manière de l'école de Wolf, avec une grande régularité, mais avec un tel luxe de divisions et de subdivisions, que la pensée fondamentale se perdait dans le circuit de ses longs développements. Il avait aussi le malheur d'être mal écrit ; ce qui ne veut pas dire qu'il n'y eût souvent infiniment d'esprit dans les détails, et même de temps en temps d'admirables morceaux ; mais, comme l'auteur le reconnaît lui-même avec candeur dans la préface de l'édition de 1781, s'il y a partout une grande clarté logique, il y a très peu de cette autre clarté qu'il appelle *esthétique*, et qui naît de l'art de faire passer le lecteur du connu à l'inconnu, du facile au difficile, art si rare, surtout en Allemagne, et qui a entièrement manqué au philosophe de Koenigsberg. Prenez la table des matières de la *Critique de la Raison pure* ; comme là il ne peut être question que de l'ordre logique, de l'enchaînement de toutes les parties de l'ouvrage, rien de plus lumineux, rien de plus précis. Mais prenez chaque chapitre en lui-même, ici tout change : cet ordre en petit que doit renfermer un chapitre, n'y est point ; chaque idée est toujours exprimée avec la dernière précision, mais elle n'est pas toujours à la place où elle devrait être pour entrer aisément dans l'esprit du lecteur. Ajoutez à ce défaut celui de la langue allemande de cette époque poussé à son comble, je veux dire ce caractère démesurément synthétique de la phrase allemande qui forme un contraste si frappant avec le caractère analytique de la phrase française. Ce n'est pas tout : indépendamment de cette langue, rude encore et mal exercée à la décomposition de la pensée, Kant a une autre langue qui lui est propre, une terminologie qui, une fois bien comprise, est d'une netteté parfaite et même d'un usage commode, mais qui, brusquement présentée et sans les préliminaires nécessaires, offusque tout, donne à tout une apparence obscure et bizarre. Aussi la *Critique de la Raison pure* ne produisit pas d'abord une grande impression ; il lui fallut plusieurs années pour faire sa route ; il fallut que quelques penseurs laborieux et indépendants, après avoir étudié la nouvelle doctrine, attirassent sur elle l'attention en l'exposant à leur manière. Kant en publia, en 1787, une seconde édition, corrigée sur plusieurs points ; cette seconde édition est le dernier mot de l'auteur, et c'est sur elle que toutes les éditions subséquentes ont été faites.

La *Critique de la Raison pure* (*Critik der reinen Vernunft*) est précédée de deux préfaces (*Vorrede*), l'une de l'édition de 1781, l'autre de l'édition de 1787, ainsi que d'une longue introduction (*Einleitung*). Ces trois morceaux sont de la plus haute importance ; ils contiennent ce qu'il y a peut-être de plus essentiel et de plus durable dans la *Critique de la Raison pure*, à savoir, la méthode de l'auteur. Or, dans tout inventeur, dans tout penseur original, c'est la méthode qu'il faut avant tout rechercher, car cette méthode est le germe de tout le reste ; souvent elle survit aux vices de ses applications. Les deux préfaces et l'introduction de la *Critique de la Raison pure* sont pour la philosophie de Kant ce que le *Discours de la Méthode* est pour la philosophie de Descartes. Je m'attacherai donc à faire bien connaître ces trois écrits.

Kant avait la conscience de la révolution qu'il entreprenait ; il avait jugé son époque et compris ses besoins. Les grands dogmatismes sans critique du XVIIe siècle avaient engendré le scepticisme de Hume, et dans toute l'Europe l'indifférence en métaphysique était complète. Cette indifférence ne venait pas de la frivolité, mais du découragement ; elle était même plus apparente que réelle, et ne signifiait qu'une seule chose, que l'ancienne métaphysique était morte et qu'il en fallait une nouvelle. Il fut un temps, dit Kant, où la métaphysique passait pour la reine de toutes les sciences ; aujourd'hui abandonnée et répudiée, elle pourrait dire comme Hécube :

> Modo maxima rerum
> Tot generis natisque potens...
> Nunc trahor exsul, inops. (OVIDE).

Le gouvernement de la philosophie fut d'abord un despotisme, celui des dogmatiques ; après le despotisme est venue l'anarchie, et cet esprit de rébellion appelé le scepticisme. Dans ces derniers temps une certaine physiologie intellectuelle introduite par Locke semblait avoir tout pacifié et tout ramené à une seule autorité, celle de l'expérience ; mais on s'est aperçu que cette prétendue expérience était elle-même remplie d'hypothèses, et que la nouvelle autorité n'était rien moins qu'un dogmatisme tout aussi tyrannique que ceux dont on avait voulu délivrer la science. Toutes les autorités paraissant donc avoir été inutilement tentées, la dernière et la plus triste des dominations s'ensuivit, celle de l'indifférence, mère de la nuit et du chaos. Mais ce chaos, si la nature humaine subsiste avec ses instincts et avec ses forces, n'est que le prélude d'une transformation prochaine et l'aurore d'une lumière nouvelle.

Cette indifférence, qui désespère au premier coup d'œil, est digne d'une méditation profonde. Entre les écoles qui se battent depuis des siècles dans cette arène de disputes sans fin qu'on appelle la métaphysique, et le public de notre temps, qui confesse ne rien entendre à ces débats et ne pouvoir s'y intéresser, qui a tort et qui a raison ? On ne voit pas que le public soit dégoûté des mathématiques et de la physique ; pourquoi serait-il plus dégoûté de la métaphysique, si la métaphysique était une science aussi solide, aussi sûre que les deux autres ? Notre âge est l'âge de la critique, à laquelle rien ne peut se soustraire, ni la religion, malgré sa sainteté, ni la loi et l'état, malgré leur majesté. Pourquoi donc n'appliquerait-on pas aussi la critique à la métaphysique ?

Par là il ne faudrait pas entendre une critique de tel ou tel système. Non ; il s'agit d'une critique plus profonde, et qui s'applique à l'instrument même de tout système, de toute métaphysique, à la faculté de connaître, à la raison, qui en détermine la constitution intérieure, l'étendue et aussi les limites :

> Tecum habita et nôris quàm sit tibi curta supellex. (PERSE.)

Otez cette critique, et la philosophie n'est plus qu'une espèce de magie à laquelle Kant se déclare entièrement étranger.

Toutes les vieilles certitudes sont décriées ; mais ce n'est pas à dire que l'esprit humain renonce à la certitude. Il y aspire toujours ; mais il la cherche sur une autre route. Il est indifférent à la philosophie des écoles ; il ne le serait peut-être pas à une philosophie nouvelle qui s'établirait sur le fondement de la critique.

Pour établir cette nouvelle philosophie, pour arriver à cette nouvelle certitude, Kant passe en revue les sciences les plus avancées, et il cherche quel a été le principe de leur progrès, afin de connaître celui de l'incertitude qui règne encore en métaphysique.

En fait, on dispute beaucoup en métaphysique ; on dispute peu en logique, en mathématiques et en physique, ou du moins, si l'on dispute, on finit par s'accorder. Pourquoi les mathématiques, la logique, la physique, sont-elles des sciences qui avancent et se perfectionnent sans cesse ?

Depuis Aristote, la logique n'a pas reculé ; il n'y a dans ses ouvrages aucune règle du syllogisme, aucun axiome logique qui ne soit aujourd'hui aussi incontestable à nos yeux qu'il ne l'était alors à ceux des Grecs. Disons tout : non-seulement la logique n'a pas reculé, mais elle n'a pas même avancé. On a pu y ajouter différentes parties, une digression sur les facultés de l'âme, une autre sur les causes et les remèdes de nos erreurs ; mais ce n'est pas augmenter, c'est dénaturer les sciences que d'en méconnaître et confondre les bornes. La logique proprement dite n'a point fait un pas depuis Aristote, ni en avant ni en arrière. Pourquoi cela ? C'est que la logique porte sur des règles qui peuvent se ramener à certaines propositions évidentes par elles-mêmes et indépendantes de toute application. Ces propositions, ramenées à leurs principes, sont des lois de l'esprit humain, lois auxquelles il est soumis toutes les fois qu'il raisonne. La nature de l'esprit humain ne variant pas, ses lois ne sauraient varier. Il y obéit donc toujours et partout ; elles sont pour lui un fondement inébranlable de certitude ; l'erreur ne saurait venir de là, il faut qu'elle vienne d'ailleurs. Quand donc on demande pourquoi la logique est une science certaine, on doit répondre : C'est qu'elle ne s'occupe d'aucun objet spécial et déterminé ; c'est qu'elle est indépendante de ses applications, et que sa vertu réside dans les lois même de la raison, considérée en elle-même et pure de tout élément étranger.

Tel est aussi le principe de la certitude des mathématiques. Tant que les mathématiques s'arrêtèrent à la partie variable des objets mesurables, il est probable qu'elles eurent leur époque d'incertitude et de tâtonnement. Mais dès que Thalès, ou tout autre, négligeant la partie variable et ne s'occupant que de la partie constante des triangles équilatéraux, eut démontré la propriété essentielle du triangle équilatéral, ce premier pas ouvrit la carrière. La formule de Thalès en fit découvrir d'autres, et peu à peu la science mathématique se forma. En quoi consiste-t-elle ? Dans l'étude de propriétés constantes, qui n'existent pas dans la nature, et qui sont des conceptions de l'esprit, de la raison, agissant d'après les lois qui lui sont propres sur les données fournies par la nature, et abstraction faite de ce que ces données ont de variable et d'incertain.

Il en était de la physique avant Galilée comme des mathématiques avant Thalès. La physique ancienne n'était qu'un amas d'hypothèses. Les physiciens modernes antérieurs à Galilée abandonnèrent les hypothèses, se mirent en présence de la nature, observèrent et recueillirent les phénomènes qu'elle leur présentait. C'était déjà quelque chose ; mais ce n'est pas encore de là que date la vraie physique, elle n'a commencé qu'avec Galilée. Galilée et d'autres conçurent l'idée de ne plus s'en tenir à la simple observation, aux classifications superficielles et aux lois empiriques qui en résultent. Ils reconnurent qu'il appartient à l'homme d'être le juge et non le disciple passif de la nature : ils posèrent des problèmes physiques *à priori*, et, pour résoudre ces problèmes, ils entreprirent des expériences qu'ils dirigèrent d'après les principes que leur suggéra la raison. Ce fut donc la raison qu'ils suivirent, même en travaillant sur la nature ; ce furent les principes de cette raison qu'ils cherchèrent dans la nature, et c'est en devenant rationnelle que la physique devint une science. Mais au lieu d'interpréter Kant, il vaut mieux le laisser ici parler lui-même.

« Depuis que Galilée eut fait rouler sur un plan incliné des boules dont il avait lui-même choisi le poids, ou que Toricelli eut fait porter à l'air un poids qu'il savait être égal à une colonne d'eau à lui connue, ou que plus tard Stahl eut transformé des métaux en chaux, et celle-ci en métaux par la suppression et l'addition de certaines parties, depuis ce moment un flambeau a été donné aux naturalistes. Ils ont reconnu que la raison ne conçoit que ce qu'elle produit elle-même d'après ses propres plans, qu'elle doit prendre les devants avec ses propres principes, et forcer la nature de répondre à ses questions, au lieu de se laisser conduire par elle comme à la lisière. Autrement, les observations accidentelles et faites sans aucun plan arrêté d'avance ne peuvent s'accorder entre elles faute de se rapporter à une loi nécessaire ; et c'est là pourtant ce que la raison cherche, et ce dont elle a besoin. La raison doit se présenter à la nature, tenant d'une main ses principes, qui seuls peuvent donner à l'ensemble et à l'harmonie des phénomènes l'autorité de lois, et de l'autre main les expériences qu'elle a instituées d'après ces mêmes principes. La raison demande à la nature de l'instruire, non pas comme un écolier qui se laisse dire tout ce qui plaît au maître, mais comme un juge légitime qui force les témoins de répondre aux questions qu'il leur adresse. La physique doit l'heureux changement de sa méthode à cette idée : que la raison cherche, je ne dis pas imagine, dans la nature, conformément à ses propres principes, ce qu'elle doit apprendre de la nature, et ce dont elle ne peut rien savoir par elle-même. C'est ainsi que la physique s'est établie sur le terrain solide d'une science, après n'avoir fait qu'errer et tâtonner pendant tant de siècles. »

Maintenant, pourquoi la métaphysique n'est-elle pas aussi avancée que la haute physique, la logique et les mathématiques ? Remarquons d'abord que la métaphysique n'est point une étude arbitraire, née d'un caprice de l'orgueil, et à laquelle il nous soit libre de renoncer. Dieu, le monde, l'ame, l'existence future, sont des objets qui provoquent sans cesse la curiosité de l'esprit humain, et auxquels il revient sans cesse, car notre nature se sent dégradée lorsqu'elle les néglige. L'esprit humain a eu beau vouloir se condamner et se résigner, non-seulement à l'ignorance, mais à l'indifférence en métaphysique ; il a été forcé de casser les arrêts qu'il avait rendus contre lui-même. Il faut consentir à sa condition, et puisque notre condition est d'être hommes, nous devons agiter les problèmes humains.

Mais pourquoi tant de solutions à ces problèmes, et tant de diversité dans ces solutions ? S'il était donné à la nature humaine de trouver la vérité en métaphysique, comment tant de grands hommes, tant de génies sublimes, qui en ont fait leur étude, n'y seraient-ils point parvenus ? En un mot, pourquoi tant de certitude dans d'autres sciences, et tant d'incertitude en métaphysique ?

Si l'on veut bien se rappeler la marche des sciences et réduire le principe de leurs progrès à sa plus simple expression, on trouve qu'elles avancent à condition de négliger la partie extérieure et variable des choses sur lesquelles elles travaillent, et d'en considérer exclusivement la partie invariable et constante, c'est-à-dire la partie que l'esprit humain met dans toutes ses connaissances. Les lois qui sont la base de la logique, de la métaphysique et des mathématiques, et qui fondent la certitude de ces sciences, ne sont autre chose que des lois de l'esprit humain lui-même ; c'est donc, rigoureusement parlant, dans la nature de l'esprit humain, indépendamment de toute application et de tout objet externe, que se résout la certitude de toutes les connaissances humaines.

Or, si nous examinons le point de vue sous lequel on a envisagé jusqu'ici la métaphysique, nous verrons qu'on a précisément négligé ce qui seul pouvait en fonder la certitude, c'est-à-dire la nature même de l'esprit humain et de ses lois considérées indépendamment des objets auxquels elles s'appliquent. On s'est occupé des objets de nos connaissances et non de l'esprit qui connaît ; on a demandé ce que c'était que Dieu, s'il était ou s'il n'était pas ; on a fait des systèmes sur le monde ; on a comparé les divers êtres entre eux ; on a saisi des rapports ; on a tiré des conséquences, toujours en travaillant sur des objets, c'est-à-dire sur des existences hypothétiques. Il est peu de philosophes qui aient considéré les connaissances dans leur rapport avec l'esprit humain. C'était là cependant le seul moyen d'arriver à quelque chose de certain, et d'élever la métaphysique à la certitude de la physique, des mathématiques et de la logique.

Frappé de cette idée, Kant entreprit de faire porter sur le sujet même de la connaissance les recherches qui jusque-là ne s'étaient guère appliquées qu'à ses objets : il entreprit en métaphysique la même révolution que Copernic avait opérée en astronomie. Copernic, voyant qu'il était impossible d'expliquer les mouvements des corps célestes, si l'on supposait que ces corps tournent autour de la terre immobile, fit tourner la terre avec eux autour du soleil ; de même Kant, au lieu de faire tourner l'homme autour des objets, fit tourner les objets autour de l'homme.

Otez l'esprit de l'homme et sa constitution nécessaire, il ne vous reste des objets que des notions sans fondement ; vous élèverez une théorie hypothétique qu'une autre théorie hypothétique renversera pour être renversée à son tour ; les systèmes et les écoles se succéderont sans que la science avance, et la métaphysique, soumise à de continuelles révolutions, cherchera vainement une certitude qui la fuit toujours. Si au contraire, prenant l'esprit humain pour point de départ, on s'attache à déterminer exactement sa nature et à décrire avec rigueur ses lois et leur portée légitime, on donne à la métaphysique une base solide.

Une telle recherche West pas la science, mais elle en est la condition. « En nier l'utilité, dit Kant, c'est vouloir nier l'utilité de la police, parce que la seule fonction de la police est d'empêcher les violences auxquelles on pourrait se livrer sans elle, et de faire en sorte que tout le monde vaque à ses affaires avec sécurité. »

Kant avoue qu'une telle méthode pourra bien renverser tous les dogmatismes, qui, selon lui, ne sont pas autre chose que des hypothèses de la raison agissant à l'aventure et sans la critique préalable d'elle-même. Oui, dit-il, la critique détruira beaucoup d'arguments célèbres ; mais elle y substituera d'autres arguments inébranlables, parce qu'ils seront fondés sur les lois mêmes de la raison. Et il indique les arguments en faveur de l'existence de Dieu, de la liberté, de l'immortalité que donnait l'ancienne métaphysique, et ceux que la nouvelle mettra à leur place ; il soutient que la critique peut bien nuire au monopole de l'école, mais non pas à l'intérêt du genre humain, puisqu'elle-même répare les ruines qu'elle opère. Ici, nous ne contesterons rien d'avance à Kant, mais nous ne lui accorderons rien, et nous faisons toutes nos réserves, non pas en faveur du monopole des écoles, mais en faveur des arguments qu'elles emploient depuis deux mille ans, et qui ne sont peut-être pas aussi vains que Kant le suppose. C'est à la fin de la *Critique* qu'il convient d'ajourner cette discussion, et nous n'avons signalé les prétentions de Kant à cet égard que pour montrer l'étendue et la hardiesse de son dessein. Les deux préfaces que nous venons d'analyser indiquent ce dessein de la manière la plus générale ; l'*introduction* le fera connaître avec tout autrement de profondeur et de précision.

III

Il faut le dire : ici commencent les difficultés d'une exposition à la fois fidèle et claire des idées de Kant. L'*introduction* est déjà hérissée d'une foule de distinctions, fines et vraies, mais subtiles en apparence, exprimées avec une brièveté quelquefois énigmatique et dans un langage qui, par sa sévérité et sa bizarrerie, rappelle trop souvent la scholastique.

Voici la première distinction qui, pour n'être jamais nettement dégagée et exprimée dans l'introduction, la domine et sert de fondement à la *Critique de la Raison pure*.

Dans toute connaissance réelle, il y a deux points de vue qu'on ne peut pas confondre. Par exemple, prenez cette proposition : ce meurtre qui vient d'avoir lieu suppose un meurtrier ; quels sont les éléments dont se compose cette proposition évidente par elle-même ? Il y a d'abord l'idée particulière d'un certain meurtre commis dans telle ou telle circonstance, avec tel ou tel instrument déterminé ; il y a aussi l'idée non pas d'un meurtrier en général, mais de tel ou tel meurtrier, qu'il s'agit de découvrir. Voilà des éléments incontestables, et qui cependant peuvent varier à l'infini, car il y a un grand nombre d'assassinats qui tous se distinguent les uns des autres par mille circonstances diverses.

Mais n'y a-t-il pas autre chose dans cette proposition : ce meurtre suppose un meurtrier ? Il n'est pas difficile d'y discerner encore ce principe général que couvrent les éléments particuliers, mais qu'ils ne contiennent pas, à savoir, tout meurtre suppose un meurtrier, principe qui lui-même se rapporte à ce principe plus général encore, et au-delà duquel il n'est plus possible de remonter : tout accident suppose une cause de cet accident. C'est là le fond même de la proposition en question. Niez ce principe, et vous pourrez consentir à ne point rechercher un meurtrier lorsqu'aura lieu un meurtre. Mais cela n'est pas possible. Le caractère de cet élément nouveau est de ne pas varier avec la foule des circonstances qui font varier sans cesse les autres éléments ; celui-là est invariable et toujours le même.

Cette distinction est réelle. Kant, dans sa passion pour la rigueur et l'exactitude de l'expression comme des idées, l'a marquée par deux mots bizarres, mais énergiques, renouvelés du péripatétisme et de la scholastique. Dans la proposition en question, et dans toute proposition semblable, il appelle les éléments particuliers variables et accidentels, la matière (*materie*) de la connaissance, et il donne le nom de forme (*forme*) à l'élément général et logique.

Ainsi il y a dans la connaissance un élément emprunté aux circonstances, et un autre qui n'y est pas emprunté, mais qui s'y ajoute, pour fonder la connaissance. La matière de la connaissance nous est fournie par le dehors et par les objets extérieurs ; la forme vient de l'intérieur, du sujet même capable de connaître. D'où il suit que la connaissance, qui se distingue en matière et en forme, peut se distinguer aussi en *subjective (subject, subjectiv, subjectivitat)*, et *objective (object, objectiv, objectivitat)* ; connaissance subjective, c'est-à-dire qui vient du sujet et de la forme qu'il imprime à la connaissance, par le seul fait de son intervention dans la connaissance, — et connaissance objective, c'est-à-dire qui naît de l'extérieur, des circonstances et de la relation du sujet à ses objets. Dans cette proposition : il faut une cause à l'univers ; — *il faut une cause*, voilà la partie subjective, la forme de la connaissance ; —

l'univers, voilà la partie objective, la matière de la connaissance.

La conséquence de cette distinction est de la plus haute importance. Comme la matière de la connaissance n'entre dans la connaissance réelle que par la forme, de même l'objectif ne nous est connu que dans et par le subjectif : on ne prouve point le principe par l'objet auquel il s'applique ; on ne part pas de Dieu, par exemple, pour arriver au principe de causalité ; c'est au contraire le principe de causalité qui nous fait parvenir à l'idée de la cause du monde ; d'où il suit que, pour procéder logiquement, il faut partir de la pensée, de la forme, du subjectif, et non de l'objectif et de l'être. Par là se trouve changée la face de la métaphysique, et deux écoles rivales sont à la fois frappées du même coup et convaincues d'un procédé également vicieux, d'un point de départ également hypothétique.

Quand on dit qu'il faut partir du monde extérieur pour arriver à l'homme, des sens pour arriver à l'intelligence, ou bien lorsque l'on pose tout d'abord l'existence de Dieu et que l'on en déduit l'homme et le monde, des deux côtés égale erreur. Ni la thèse du sensualisme, ni la thèse de la théologie ne peuvent se soutenir, car l'une et l'autre vont de la matière à la forme, de l'objet au sujet, de l'être à la pensée, de l'ontologie à la psychologie, tandis que le procédé opposé est le seul qui soit légitime.

Nous proclamons hautement notre entière adhésion à ces vues simples et fécondes qui dérivent de la méthode d'observation bien entendue. Nous nous flattons qu'elles sont aujourd'hui solidement établies parmi nous, et sans nous y arrêter davantage, nous reprenons l'analyse de l'*introduction*.

Non seulement on peut distinguer la connaissance en matérielle et formelle, objective et subjective ; mais on peut aussi la considérer par rapport à son origine, et rechercher si toutes nos connaissances viennent ou ne viennent pas de l'expérience.

A cette question, Kant répond avec l'esprit de son siècle entier que toutes nos connaissances présupposent l'expérience. On ne peut pas se prononcer plus nettement. « Nul doute, dit-il, que toutes nos connaissances ne commencent avec l'expérience ; car par quoi la faculté de connaître serait-elle sollicitée à s'exercer, si ce n'est par les objets qui frappent nos sens, et qui d'une part produisent en nous des représentations d'eux-mêmes, et de l'autre mettent en mouvement notre activité intellectuelle et l'excitent à comparer ces objets, à les unir ou à les séparer, et à mettre en œuvre la matière grossière des impressions sensibles pour en composer cette connaissance des objets que nous appelons expérience ? Nulle connaissance ne précède l'expérience ; toutes commencent avec elle. »

Mais Kant distingue entre commencer avec l'expérience et venir de l'expérience (*mit, aus*). Toutes nos connaissances présupposent l'expérience ; mais l'expérience seule ne suffit pas à les expliquer toutes. Prenons l'exemple déjà employé : un meurtre suppose un meurtrier. Si l'expérience n'avait jamais montré de meurtre, l'esprit n'aurait jamais eu l'idée d'un meurtrier ; c'est donc l'expérience et l'expérience seule qui peut ici avoir fourni la matière de la connaissance. Mais en même temps la partie formelle et subjective qui s'exprime ainsi : tout changement suppose une cause de ce changement, cette partie formelle, tout en présupposant l'expérience de tel ou tel changement, surpasse cette expérience. Elle n'a pu commencer sans elle, mais elle ne dérive pas d'elle, car il est démontré que l'expérience d'aucun fait ne peut donner à l'esprit humain la notion de cause. L'esprit humain recherche des causes, parce que telle est sa nature, et il les recherche à l'occasion de telle ou telle circonstance. D'où il suit que la proposition : un meurtre suppose un meurtrier, et celle-ci qui la renferme, tout changement suppose une cause, contient en même temps et quelque chose d'expérimental et quelque chose qui ne vient pas de l'expérience.

Kant appelle connaissances *empiriques* ou *à posteriori (Erkenntnisse empirischen, à posteriori)* celles qui non-seulement présupposent l'expérience, mais en dérivent, et il appelle connaissances *à priori (Erkenntnisse à priori)* celles qui, bien qu'elles ne puissent naître sans l'expérience (*Erfahrung*), n'en dérivent pas et nous sont données par la seule puissance de l'esprit. Et il ne faut point ici d'équivoque. Je juge, dit Kant, sans en avoir fait l'expérience, que si on ôte les fondements de cette maison, elle tombera. Ce jugement, il est vrai, a l'air de devancer l'expérience, mais en réalité il la suit ; car toute sa force repose en dernière analyse sur l'observation que les corps non soutenus tombent. Mais quand je porte cet autre jugement quelque changement qui puisse jamais arriver, ce changement a nécessairement une cause ; non seulement ce jugement anticipe l'expérience à venir, mais il ne repose sur aucune expérience passée, car l'expérience peut bien montrer que tel changement a telle cause, mais nulle expérience ne peut enseigner qu'il en est ainsi nécessairement. Et Kant remarque avec raison qu'il est impossible de réduire cette notion de nécessité à une habitude, née d'une liaison constante : c'est là détruire et non pas expliquer le principe de causalité, qui, pour agir, n'attend pas l'habitude et intervient dans le premier changement comme dans le centième pour nous faire affirmer qu'il ne peut pas ne pas avoir une cause. L'idée de la nécessité ne se forme pas par morceaux et en détail, elle s'introduit pleine et entière dans l'intelligence. Mille et mille généralisations successives n'engendrent pas la nécessité, elle en diffère d'une absolue différence. Le jugement que tout changement a nécessairement une cause est donc un jugement qui ne repose pas sur l'expérience, c'est un vrai jugement *à priori*.

Eh bien ! même dans les connaissances *à priori*, ainsi dégagées de toutes les autres, il faut encore distinguer. Il y a d'abord des principes qui sont appelés à juste titre *à priori*, puisqu'ils n'ont pas leur fondement dans l'observation, mais où se mêle néanmoins un élément que l'observation a donné ; tel est ce principe : tout changement a nécessairement une cause. Il ne doit rien à l'expérience, quant, à sa certitude, mais il renferme la notion de changement, à l'occasion de laquelle l'esprit conçoit la notion de cause, et cette notion de changement est évidemment empruntée à l'expérience. Le principe de causalité, bien que principe *à priori*, renferme donc un élément empirique. Mais il y a des principes *à priori* absolument (*schlechterdings*) indépendants de toute expérience, et qu'à cause de cela Kant appelle *purs (reine)* tels sont les principes mathématiques.

Or, s'il est vrai qu'il y ait dans l'intelligence des connaissances pures *à priori*, il importe avant tout de rechercher les caractères de ces connaissances. Kant les réduit à deux, la nécessité et l'universalité. Il les avait déjà indiqués, ici il les détermine avec plus de rigueur. L'expérience nous dit ce que sont les choses, mais non ce qu'elles ne peuvent pas ne pas être ; elle nous dit ce que les choses sont dans le moment de l'observation et dans le lieu où nous sommes, mais non ce qu'elles sont dans tous les temps et dans tous les lieux. L'universalité et la nécessité sont donc les caractères propres des connaissances pures *à priori*. Où manquent ces caractères, il est aisé de reconnaître les connaissances *à posteriori*. Toute connaissance fondée logiquement sur l'expérience est contingente ; elle peut avoir une généralité de comparaison et d'induction, mais jamais une universalité absolue. En énonçant une loi empirique, vous vous bornez à affirmer que jusqu'ici on n'y a pas remarqué d'exception ; mais vous ne pouvez pas prononcer qu'elle n'a jamais souffert ni ne souffrira jamais d'exception, encore bien moins qu'elle n'en peut pas souffrir.

La faculté en nous à laquelle se rapportent les principes marqués des caractères d'universalité et de nécessité, les principes purs *à priori*, est la raison (*Vernunft*), et la raison pure. L'étude approfondie de cette faculté est la *critique de la raison pure.* On comprend maintenant la signification et la portée du titre de l'ouvrage de Kant.

En voyant notre philosophe s'engager dans la critique de la raison pure, des principes qui s'y rapportent et qui ne doivent rien à l'expérience, on est tenté de craindre qu'il ne se perde dans la profondeur même de son analyse, et qu'à force d'habiter le monde des notions pures *à priori* il ne se laisse entraîner à des chimères. Mais cette crainte est bien peu fondée ; loin de trop accorder à la raison, nous verrons que Kant ne lui accorde pas même assez. Dès *l'introduction*, à peine a-t-il constaté en nous une faculté de connaître capable de produire les connaissances que nous venons d'énumérer, dès ce premier pas il se hâte de nous avertir que tout cela se passe dans l'esprit, dans la raison, dans le sujet, qu'il faut bien se garder d'y voir une réalité objective ; il s'élève d'avance contre la prétention de l'idéalisme de transporter les idées hors de l'enceinte de la raison qui les conçoit, et il veut que les notions de la raison pure une fois reconnues, on s'applique à rechercher quelle légitimité, quelle étendue, quelle portée on leur doit attribuer. « La raison, dit-il, parce qu'elle est capable de porter de pareils principes, abusée par une telle preuve de sa puissance, ne voit plus de bornes à sa passion de connaître. La colombe légère, lorsqu'elle traverse d'un libre vol l'air dont elle sent la résistance, pourrait croire qu'elle volerait encore bien mieux dans le vide ; ainsi Platon oublie le monde sensible, parce que ce monde impose à la raison des bornes étroites, et se hasarde par-delà, sur les ailes des idées, dans l'espace vide de l'entendement pur. Il n'a point remarqué qu'il n'avance pas malgré ses efforts, car il n'a aucun point d'appui pour se soutenir et transporter l'entendement hors de sa place naturelle. Tel est le destin ordinaire de la raison humaine dans la spéculation : elle achève d'abord son édifice le plus vite qu'elle peut, et c'est beaucoup plus tard qu'elle s'inquiète de savoir si le fondement en est solide. »

Il faut donc une science qui, d'une part, recherche et constate les puissances naturelles de la raison, et qui, de l'autre, en mesure et en circonscrive la portée légitime. Encore une fois cette science est la *critique de la raison pure*. Kant, dans la partie de l'*introduction* qu'il nous reste à faire connaître, détermine les fondements sur lesquels repose cette *critique* par une analyse approfondie du jugement.

Kant distingue deux sortes de jugements. Tantôt le rapport lie l'attribut au sujet comme inhérent au sujet même, comme renfermé logiquement et nécessairement dans la nature du sujet, en sorte qu'en exprimant ce rapport vous n'exprimez pas deux connaissances différentes, mais vous présentez deux points de vue ou deux formes de la même connaissance. Quand vous dites : tous les corps sont étendus, comme il est impossible de concevoir la notion de corps sans celle d'étendue, ni celle d'étendue sans celle de corps, vous n'énoncez pas une nouvelle connaissance, vous ne faites que développer celle que vous aviez déjà. Dans ces jugements vous tirez la partie du tout, vous affirmez le même du même, en vertu du principe de contradiction. Mais il y a une autre espèce de jugements, des jugements dans lesquels nous rapportons au sujet un attribut qui n'y était point nécessairement et logiquement renfermé, en sorte que nous n'exprimons plus alors deux points de vue de la même connaissance ou la même connaissance sous deux formes distinctes, mais nous exprimons une nouvelle connaissance, nous ajoutons à la notion du sujet une notion qu'elle ne contenait point.

En disant : tous les corps sont pesants, j'affirme du sujet corps un attribut qu'il ne renferme point logiquement. Il ne suffit plus ici d'analyser le sujet pour en tirer l'attribut ; car j'aurai beau décomposer la notion de corps, la notion de pesanteur n'en sortira pas comme partie intégrante. Donc ce rapport n'est pas un rapport d'identité, comme le premier, car un des termes étant donné, l'autre n'est pas supposé nécessairement. Le rapport n'étant plus le même, le jugement qui l'exprime n'est donc plus de la même espèce que ceux dont nous avons parlé tout à l'heure.

Kant exprime cette distinction en appelant *analytiques* les jugements qui affirment le même du même, parce qu'en effet il suffit d'analyser un des termes du rapport qu'ils expriment, pour en tirer l'autre terme, et pour avoir par conséquent et le rapport et le jugement, expression du rapport ; et il appelle *synthétiques* les jugements qui affirment d'un sujet un attribut qui n'y est pas contenu logiquement, parce que, pour trouver le rapport, il ne s'agit plus d'analyser un des termes, mais il faut joindre ensemble deux termes logiquement indépendants, et faire par conséquent un assemblage, une synthèse de deux notions auparavant isolées (*analytischer und synthetischer Urtheile*).

Pour marquer plus fortement encore la différence de ces deux jugements et les caractères auxquels on peut reconnaître chacun d'eux, liant leur impose aussi d'autres noms également significatifs. Comme les jugements analytiques ne font que développer, expliquer, éclaircir une connaissance que nous avions déjà, sans y rien ajouter réellement, il les appelle jugements *explicatifs*. Comme, au contraire, les jugements synthétiques n'expliquent pas et ne développent pas une connaissance déjà acquise, mais qu'ils ajoutent à cette connaissance une connaissance nouvelle, Kant appelle les jugements synthétiques jugements *extensifs*, parce qu'en effet ils étendent nos connaissances (*Erlauterungs - Erweiterungs Urtheile*).

Il faut maintenant distinguer deux classes de jugements synthétiques. Le caractère commun des jugements de cette espèce est de rapporter à un sujet un attribut qui n'y était pas renfermé logiquement. Or, cette connexion, que nous affirmons entre le sujet et l'attribut, peut nous avoir été donnée de deux manières : ou bien c'est l'expérience qui nous l'a révélée, ou bien nous l'établissons *à priori*, indépendamment de l'expérience. Les corps sont pesants, tout changement suppose une cause, sont deux jugements synthétiques, car ni la notion de pesanteur n'est renfermée dans celle de corps, ni la notion de cause dans celle de changement ; mais ces deux jugements diffèrent en ce que, dans le premier, c'est l'expérience qui nous a attesté la réalité de la connexion entre l'idée de pesanteur et celle de corps, tandis que, dans le second, ce n'est pas l'expérience qui a pu nous faire voir la réalité de la connexion entre l'idée de cause et celle de changement. En effet, l'expérience ne donne que des successions de faits, et jamais un rapport tel que celui de causalité. Les jugements synthétiques sont donc de deux espèces. La vérité des uns repose sur l'expérience, et Kant les appelle jugements synthétiques *à posteriori* ; la vérité des autres ne repose pas sur l'expérience, mais sur la raison seule, et Kant les appelle jugements synthétiques *à priori*.

Faites encore cette remarque que les jugements analytiques sont eux-mêmes des jugements *à priori*, car la réalité de la connexion qu'ils expriment n'est pas donnée par l'expérience, elle repose sur le principe de contradiction qui affirme que le même est le même. Ainsi, à moins de résoudre le principe de contradiction dans l'expérience, il faut admettre que tous les jugements analytiques sont aussi non empiriques *à priori*.

Si toutes ces distinctions de Kant sont fondées, nous sommes maintenant en état d'apprécier deux assertions célèbres, savoir, 1° que toutes les connaissances humaines dérivent de l'expérience sensible ; 2° que tous les jugements humains sont soumis à la loi d'identité.

Il est faux que toutes les Connaissances humaines dérivent de l'expérience sensible, car toute connaissance se résout en une proposition, et toute proposition en un jugement analytique ou synthétique, *à priori* ou *à posteriori*. Or, premièrement, les jugements analytiques sont fondés sur le principe de contradiction qui n'est point empirique ; secondement, les jugements synthétiques *à priori* ne peuvent dériver de l'expérience. Restent les jugements synthétiques *à posteriori* dont la certitude vient de l'expérience. Encore pourrait-on le contester quand ces jugements sont généraux, c'est-à-dire quand ils concluent par induction des cas observés aux cas observables, car cette induction repose sur le principe de la stabilité des lois de la nature qui n'est point donné par l'expérience.

S'il n'est pas vrai que toutes nos connaissances dérivent de l'expérience, il n'est pas moins faux que tous nos jugements soient soumis à la loi d'identité ; car, pour cela, il faudrait que, dans les jugements synthétiques *à priori* ou *à posteriori*, les deux termes du rapport fussent identiques, c'est-à-dire que, l'un étant donné, l'autre le fût logiquement. Or, comment prouver qu'on ne peut avoir la conception de corps sans avoir celle de pesanteur ? Comment prouver que l'idée de changement renferme logiquement celle de cause` ? Ni les jugements synthétiques *à priori*, ni les jugements synthétiques *à posteriori* n'expriment un rapport d'identité.- Loin donc que tous nos jugements soient soumis à la loi d'identité, on ne peut ramener à cette loi qu'un seul des trais ordres de nos jugements, les jugements analytiques.,

Chose singulière, la philosophie sensualiste, qui admet que toutes nos connaissances dérivent de l'expérience, admet en même temps que tous nos jugements sont soumis à la loi d'identité. Elle prend pour point de départ unique en psychologie les jugements synthétiques *à posteriori*, les jugements d'expérience, et, lorsqu'elle en vient à la logique, elle donne pour fondement à cette logique, le principe d'identité ou de contradiction. Mais de deux choses l'une ou le principe de contradiction dérive de l'expérience, ou on est obligé de lui donner une autre base. S'il dérive de l'expérience, il est frappé d'un caractère de contingence et de variabilité, et alors la logique du sensualisme ne repose plus sur la nécessité, elle est variable comme la sensation elle-même, en d'autres termes elle n'est plus une logique. Si l'on maintient au contraire que le principe d'identité n'est pas contingent, mais nécessaire, afin de pouvoir servir de fondement à la logique, le sensualisme est dans l'impuissance de concilier ce principe avec la psychologie, il ne peut tirer le nécessaire du contingent, il est forcé d'admettre dans ses développements des éléments qu'il rejette à son point de départ. La philosophie de Kant a donc ruiné de fond en comble et la psychologie et la logique du sensualisme.

Après avoir divisé et classé toutes les connaissances humaines, c'est-à-dire tous nos jugements, en jugements analytiques *à priori* et en jugements synthétiques, les uns *à priori*, les autres *à posteriori*, Kant examine sur quelle espèce de jugements sont fondées les diverses sciences, et il en distingue deux sortes : celles qui sont fondées sur des jugements synthétiques *à posteriori*, ou *sciences empiriques*, et celles qui sont fondées sur des jugements synthétiques *à priori*, et qu'il appelle *sciences théorétiques (theoretische Wissenschaften)*. Les premières sont les sciences de pure observation : observer, classer, généraliser, voilà toute la part de l'esprit dans leur formation. L'histoire naturelle des animaux, des plantes et des minéraux, une partie de la physique, etc., se rangent dans cette division. Les sciences théorétiques sont l'arithmétique, la géométrie, la haute physique, la mécanique et la métaphysique. Kant établit que cette dernière classe de sciences a pour base des jugements synthétiques *à priori*.

Quand on étudie les procédés des mathématiques, on est frappé de retrouver partout le même procédé constamment employé. Elles s'appuient toujours sur le principe de contradiction ; mais de ce que ce principe est inhérent à la marche de la science, on a conclu qu'il en est le fondement. Cette conséquence, ne vaut rien. Le principe d'identité n'engendre pas les démonstrations mathématiques, il en est seulement la condition nécessaire ; sans lui, les mathématiques ne peuvent faire un pas, mais ce n'est point par lui qu'elles avancent. S'il était le principe de toutes les vérités mathématiques, ces vérités seraient des propositions purement analytiques ; or Kant prouve par des exemples tirés de l'arithmétique et de la géométrie qu'il n'en est point ainsi.

Pour savoir si cette proposition : sept plus cinq égale douze, est analytique ou synthétique, il faut examiner si l'on ne peut avoir la notion de sept plus cinq sans avoir la notion de douze, la notion du sujet sans celle de l'autre terme et du rapport d'égalité qui les unit. Or, après que vous avez ajouté sept à cinq, vous avez l'idée de la réunion de deux nombres en un seul ; mais quel est ce nombre nouveau qui contient les deux autres ? Vous savez que sept et cinq forment une somme ; mais quelle est cette somme ? Vous l'ignorez. Cette ignorance devient plus manifeste, si on fait l'expérience sur de plus grands nombres. Quand nous opérons sur de petites quantités, l'habitude que nous avons d'aller des diverses parties à la somme, la rapidité avec laquelle nous saisissons leur égalité nous fait illusion sur le véritable procédé de l'esprit ; mais quand nous voulons réunir plusieurs grands nombres en un seul, la difficulté que nous éprouvons à arriver au nombre total qui les renferme nous prouve que nous n'allons pas du même au même, et qu'il s'agit bien pour nous d'acquérir une nouvelle connaissance.

Pourquoi donc a-t-on regardé les propositions arithmétiques comme des propositions analytiques ? C'est qu'on a moins considéré les procédés de l'esprit dans la formation de ses connaissances que ces connaissances en elles-mêmes, relativement à leurs objets et indépendamment de l'esprit. Comme sept plus cinq et douze sont en effet des nombres identiques, on a cru que dire : sept plus cinq égale douze, c'est passer d'une même connaissance à une même connaissance. Mais si l'idée du second terme est implicitement dans le premier, elle n'y est pas explicitement et psychologiquement ; et la question est ici de savoir si, parce que nous avons la notion des deux unités sept et cinq, nous avons aussi la notion de l'unité totale douze qui les représente.

Les vérités géométriques ne sont pas non plus des vérités identiques. Si cette proposition : la ligne droite est la ligne la plus courte d'un point à un autre, est analytique, il faut prouver que logiquement l'idée de la ligne la plus courte est renfermée dans l'idée de ligne droite. « Mais l'idée de *droit*, dit Kant, ne renferme aucune idée de quantité, mais seulement de qualité. » Les vérités de géométrie sont donc de l'ordre synthétique. Il faut distinguer toutefois deux sortes de vérités géométriques, trop souvent confondues, les unes qui sont purement analytiques, les autres qui ont un caractère synthétique. Les premières sont les axiomes de la géométrie, les secondes sont ses véritables principes. Les axiomes tels que ceux-ci : — *a* égale *a* ; le tout est égal à lui-même ; le tout est plus grand que la partie ; — ces axiomes, qui ne sont peut-être que diverses faces du principe de contradiction, sont indispensables à la science. Est-il, en effet, un seul théorème qui ne les suppose ? Est-il possible de faire un seul pas en géométrie si l'on n'admet que le même est le même, que le tout est plus grand que la partie ? Mais, d'un autre côté, qu'on nous montre quelque vérité géométrique sortant directement de ces axiomes comme de leur principe. Les axiomes sont donc à la fois indispensables et improductifs. Au contraire, prenez la dernière vérité de la géométrie, et cherchez d'où elle sort ; elle sort de la vérité précédente, qui, à son tour, sort d'une vérité antérieure, et chacune d'elles vous paraissant tour à tour principe et conséquence, il vous faudra remonter de théorème en théorème jusqu'à des vérités premières qui aient leur raison en elles-mêmes, qui soient principes, sans être conséquences, c'est-à-dire jusqu'à la définition du triangle, de l'angle, du cercle, de la ligne droite. Les définitions seules sont productives. Sans les axiomes, la science est impossible, mais ils ne font pas la science ; sans eux, il n'est pas permis d'établir un principe, de déduire une conséquence, mais ils ne sont ni ces principes, ni ces conséquences. Il y a donc des vérités géométriques qui reposent sur le principe de contradiction, mais les vrais principes géométriques sont les définitions, c'est-à-dire des jugemens synthétiques *à priori*.

Les principes de la haute physique sont de la même nature. Je prends les deux exemples donnés par Kant - Dans tout changement du monde matériel, la quantité de matière doit rester la même ; dans toute communication du mouvement, l'action et la réaction doivent être égales. — Ce sont évidemment là des jugements synthétiques, car l'idée de matière n'implique pas le moins du monde que dans tous les changements la quantité de matière est la même ; de même on peut avoir l'idée de mouvement sans en déduire que l'action et la réaction sont toujours égales. J'ajoute d'un côté à la notion de matière, de l'autre à celle de mouvement, des notions qui n'y étaient pas contenues, je fais un jugement synthétique. De plus, ce jugement a le caractère de l'universalité, de la nécessité, il n'est donc pas dû à l'expérience ; il est donc synthétique *à priori.*

Il n'est pas difficile de se convaincre que la métaphysique repose également sur des jugements synthétiques *à priori.* Il y a, selon Kant, une métaphysique naturelle qui a toujours été, qui sera toujours, à savoir l'ardente curiosité de voir clair dans des questions que l'intelligence humaine se propose éternellement ; ces questions sont Dieu, l'âme, le monde, son éternité ou son commencement, etc. Voilà les objets de la métaphysique ; ses principes sont les principes même à l'aide desquels l'intelligence humaine tente de résoudre les questions auxquelles elle ne peut échapper ; il suffit d'en citer quelques-uns tout ce qui arrive a une cause ; tout phénomène, toute qualité suppose un sujet ; tout évènement suppose le temps ; tout corps l'espace, etc.

Or, examinez ces principes, et vous verrez que ce ne sont pas moins que des jugements synthétiques *à priori*, car le second terme du rapport que ces jugements expriment n'est nullement renfermé dans le premier ; le temps n'est pas renfermé dans l'évènement, ni l'espace dans le corps, ni le sujet dans la qualité, ni la cause dans le fait qui commence à paraître ; ces jugements ne sont donc pas analytiques ; ce n'est pas l'expérience qui introduit dans l'intelligence les notions de cause, de substance, de temps, d'espace, etc. ; ce sont là des notions *à priori* ; les jugements qui les contiennent sont donc des jugements synthétiques *à priori*.

Il doit être maintenant de la plus entière évidence que toutes les sciences dignes du nom de sciences théorétiques sont fondées sur des jugements synthétiques *à priori* ; reste à savoir comment de tels jugements sont possibles, en d'autres termes, comment il y a des jugements qui contiennent un élément indépendant de toute expérience, et quelle peut être la valeur de pareils jugements. Cette question n'est rien moins que celle de la valeur même de la raison pure, auteur de ces jugements. Hume est celui de tous les philosophes qui a osé aborder cette question avec le plus de fermeté, mais sous une seule de ses faces, dans le célèbre principe de causalité, et on sait comment il l'a résolue. Kant remarque, à cette occasion, que si Hume, au lieu de s'en tenir au principe de causalité, eût examiné tous les autres principes nécessaires, tous les autres jugements synthétiques *à priori*, il aurait peut-être reculé devant les conséquences rigoureuses de son opinion. En effet, si Hume rejette la notion de nécessité impliquée dans le principe de causalité, il aurait dû la rejeter aussi des autres principes qui la renferment également, il aurait dû rejeter tout jugement synthétique *à priori*, c'est-à-dire les mathématiques pures et la haute physique, conséquence extrême, qui peut-être aurait retenu cet excellent esprit sur la pente du scepticisme.

Puisque les jugements synthétiques *à priori* existent, ils sont donc possibles, et on peut en dire autant d'un certain nombre de sciences théorétiques qui reposent sur ces jugements. Il faut bien que les mathématiques pures, que la physique pure soient possibles, puisqu'elles existent, mais on ne peut faire la même réponse pour la métaphysique ; jusqu'ici elle a si peu atteint le but qu'elle s'était proposé, qu'on ne peut contester à personne le droit d'élever cette question : comment la métaphysique est-elle possible ?

Si par métaphysique on entend une disposition naturelle de l'esprit humain à se poser et à résoudre un certain nombre de problèmes, on doit répondre assurément que la métaphysique est possible, puisqu'elle est ; mais, selon Kant, tous les systèmes nés de cette disposition naturelle sont tellement défectueux et si peu satisfaisants, qu'il n'est pas permis de leur donner le nom de science ; de sorte que si par métaphysique on entend non pas une disposition naturelle, mais une vraie science, on est forcé de répondre que la métaphysique n'est pas. Mais en même temps Kant n'hésite pas à proclamer qu'elle est possible ; il en appelle au besoin éternel de la nature humaine ; il compare la métaphysique à une plante dont on peut bien couper tous les rejetons qui ont poussé jusqu'ici, mais dont on ne peut extirper les racines. Il ne désespère donc point de la métaphysique considérée comme science, mais il la renvoie à l'avenir, et il ne veut qu'en poser les fondements et en vérifier l'instrument. Cet instrument, c'est la raison pure, avec les puissances qui sont en elle ; ces fondements, ce sont les jugements synthétiques *à priori* que la raison pure développe à mesure qu'elle se développe elle-même. Autant valent et cet instrument et ces fondements, autant, plus tard, vaudra l'édifice entier.

La *Critique de la Raison pure* n'est donc, à vrai dire, qu'une introduction à la science. Sa tâche est à la fois très vaste et très bornée très bornée, car il ne s'agit pas ici des objets de la raison qui sont infinis, mais de la raison seule ; très vaste, car il faut suivre cette raison dans tous ses développements, pourvu que ces développements n'aient rien à faire avec l'expérience et avec les sens, et qu'ils conservent ce caractère de pureté qui constitue les jugements synthétiques *à priori*. Or, comme il plaît à Kant, dans la langue qu'il s'est faite, d'appeler *transcendental* ce qui porte le double caractère d'être indépendant de l'expérience et de ne point s'appliquer aux objets extérieurs, il appelle *philosophie transcendentale* le système parfait de recherches qui porteraient sur la connaissance *à priori*. Ce qu'il entreprend est un simple essai, une esquisse d'une telle philosophie. — Il reste à faire, dit-il, un *novum organum* qui ne serait ni celui d'Aristote, ni celui de Bacon, et qui serait *l'organum* de la raison pure. Cette critique est un canon de ce nouvel *organum*.

D'ailleurs Kant n'hésite point à le reconnaître : la critique doit être une réforme entière et radicale de la philosophie, et par conséquent celle de l'histoire même de la philosophie, puisque la critique seule peut fournir à l'histoire une pierre de touche infaillible pour apprécier la valeur des systèmes. Sans elle, que peut faire l'historien, sinon de déclarer vaines les assertions des autres, au nom de ses propres assertions qui n'ont pas plus de fondement ?

L'introduction expose clairement les principaux traits de cette branle entreprise.

Ce qui y frappe, au premier coup d'œil, comme dans le *Discours de la Méthode*, c'est la hardiesse et l'énergie de la pensée. Kant s'y donne ouvertement comme un véritable révolutionnaire. Comme Descartes, il dédaigne tous les systèmes antérieurs à sa *critique* ; il s'exprime sur le passé de la philosophie du ton tranchant et superbe des philosophes du XVIIIe siècle. En parlant avec ce dédain de tous les systèmes qui ont précédé, et en les présentant comme un amas d'hypothèses arbitraires, qui contiennent à peine quelques vérités comme par hasard, il ne lui vient pas une seule fois à l'esprit que les auteurs de ces systèmes, ce sont des hommes ou ses égaux ou ses supérieurs, Platon, Aristote, Descartes, Leibnitz. Mais pourquoi serait-il respectueux envers le génie ? Il ne l'est pas même envers la nature humaine. Il lui accorde bien une disposition innée à la métaphysique, mais c'est une disposition malheureuse, et qui jusqu'ici n'a produit que des chimères, et il se flatte, lui, à la fin du XVIIIe siècle, de commencer pour la première fois la vraie métaphysique, après trois mille ans d'efforts inutiles. On serait tenté de supposer, dans un tel dessein, sous de telles paroles, un orgueil immense. Pas le moins du monde. Kant était le plus modeste et le plus circonspect des hommes ; mais l'esprit de son temps était en lui. Et puis on ne fait pas les révolutions avec de petites prétentions, et Kant voulait faire une révolution en métaphysique. Comme toute révolution, celle-là devait donc proclamer l'absurdité de tout ce qui avait précédé, sans quoi il n'aurait fallu songer qu'à améliorer, et non pas à tout détruire pour tout renouveler. Kant, comme Descartes, auquel il faut sans cesse le comparer, préoccupé de sa méthode, ne voit qu'elle partout. Ce n'est pas de son propre génie qu'il a une grande opinion, c'est de celui de sa méthode.

C'est de là qu'il se relève, c'est de là qu'il triomphe. Descartes a dit quelque part qu'en se comparant aux autres hommes, il s'était trouvé supérieur à très peu et inférieur à beaucoup, et qu'il devait tout à sa méthode. Socrate aussi, deux mille ans avant Kant et Descartes, rapportait tout à sa méthode qui, au fond, était la même que celle du philosophe français et du philosophe allemand. Cette méthode est la vraie, c'est la méthode psychologique qui consiste à débuter par l'homme, par le sujet qui connaît, par l'étude de la faculté de connaître, de ses lois, de leur portée et de leurs limites. Elle naît avec Socrate, se développe avec Descartes, se perfectionne avec Kant, et avec tous les trois elle produit chaque fois une révolution puissante. Mais il n'appartient pas au même homme de commencer une révolution et de la finir. Socrate n'a été ni Platon ni Aristote, mais le père de l'un et de l'autre. Descartes à son tour n'est point Leibnitz, et Kant, qui a commencé la philosophie allemande, ne l'a ni gouvernée ni terminée. Cette philosophie marche encore, et ne paraît pas avoir atteint son dernier développement. Plus heureuse, la révolution française, née en même temps que la révolution philosophique de l'Allemagne, partie à peu près du même point, de la déclaration des droits primitifs et éternels de l'homme indépendamment de toute société, de toute histoire, comme l'autre des lois pures de la raison humaine indépendamment de toute expérience, proclamant également et le mépris du passé et les espérances les plus orgueilleuses, a parcouru, en quelques années, ses vicissitudes nécessaires, et nous la voyons aujourd'hui arrivée à son terme, tempérée et organisée dans la charte qui nous gouverne. La charte de la philosophie du XIXe siècle n'est pas encore écrite. Kant n'était pas appelé à cette œuvre ; la sienne était bien différente : il devait faire une révolution contre tous les faux dogmatismes, et contre les grandes hypothèses de l'idéalisme du XVIIe siècle, et contre les hypothèses mesquines et tout aussi arbitraires du sensualisme de son temps ; et cette entreprise, il l'a accomplie, grâce à cette méthode dont je viens de faire connaître le caractère d'après les deux *préfaces* et l'*introduction* de la *Critique de la raison pure*. Peut-être une autre fois essaierons-nous d'aborder cette *Critique* elle-même, et d'introduire les lecteurs de la *Revue* dans l'intérieur de ce grand monument.

www.ingramcontent.com/pod-product-compliance
Lightning Source LLC
Chambersburg PA
CBHW071307040426
42444CB00009B/1906